Parque Nacional
Zion

Grace Hansen

Abdo Kids Jumbo es una subdivisión de Abdo Kids
abdobooks.com

abdobooks.com

Published by Abdo Kids, a division of ABDO, P.O. Box 398166, Minneapolis, Minnesota 55439.
Copyright © 2020 by Abdo Consulting Group, Inc. International copyrights reserved in all countries.
No part of this book may be reproduced in any form without written permission from the publisher.
Abdo Kids Jumbo™ is a trademark and logo of Abdo Kids.

052019

092019

THIS BOOK CONTAINS
RECYCLED MATERIALS

Spanish Translator: Maria Puchol

Photo Credits: Alamy, iStock, Shutterstock

Production Contributors: Teddy Borth, Jennie Forsberg, Grace Hansen

Design Contributors: Dorothy Toth, Laura Mitchell

Library of Congress Control Number: 2018968123

Publisher's Cataloging-in-Publication Data

Names: Hansen, Grace, author.

Title: Parque nacional Zion/ by Grace Hansen.

Other title: Zion national park. Spanish

Description: Minneapolis, Minnesota : Abdo Kids, 2020. | Series: Parques nacionales

Identifiers: ISBN 9781532187643 (lib.bdg.) | ISBN 9781532188626 (ebook)

Subjects: LCSH: Zion National Park (Utah)--Juvenile literature. | National parks and reserves--Juvenile
    literature. | Zion National Park Lodge (Utah)--Juvenile literature. | National parks and reserves--
    Utah--Juvenile literature. | National parks and reserves--United States--Juvenile literature. | Spanish
    language materials--Juvenile literature.

Classification: DDC 979.24--dc23

Contenido

Parque Nacional Zion 4

Naturaleza y
sus características 6

Actividades divertidas 22

Glosario. 23

Índice. 24

Código Abdo Kids 24

Parque Nacional Zion

El Parque Nacional Zion está en el suroeste del estado de Utah. El presidente Woodrow Wilson aprobó su creación el 19 de noviembre de 1919.

Naturaleza y sus características

Zion es conocido por sus maravillosas **características geológicas** y sus valles. Estas formaciones tardaron millones de años en tomar forma.

El río Virgen y sus **afluentes** ayudaron a esculpir parte de Zion. El río es también la razón por la que esta zona desértica es sorprendemente **frondosa**.

El río Virgen se abre camino por el cañón Zion. El cañón mide 15 millas (24 km) de largo. En ambos lados hay acantilados hay **piedra arenisca Navajo** roja y color café.

El cañón alberga muchas plantas y animales. A lo largo del río, los álamos dan sombra. Escondidas en los acantilados están las ranitas de las rocas.

Alejados del río crecen los cactus y las hierbas desérticas. Abundan muchos tipos de nopaleras. Los ciervos mula y las ardillas se pasean por el cañón.

El cacomixtle norteño recorre los acantilados de Zion, pero solamente por la noche. A menudo duerme durante los días calurosos.

Los cañones de Kolob están ubicados en la esquina noroeste del parque. Esta zona tiene acantilados de 2,000 pies (610 m) y bosques con árboles de hoja perenne. Aquí es fácil ver el brillante pecho amarillo del ave reinita de Grace.

En muy contadas ocasiones se pueden ver tortugas del desierto. Este **reptil** pasa el 95% de su vida bajo tierra. **Aparece** en la primavera y en el otoño para buscar comida y agua.

Actividades divertidas

Montar en bicicleta en el camino *Pa'rus*

Caminar por los estrechos, sección del Cañón Zion de solamente 20 a 30 pies (6.1 a 9.1 m) de ancho

Buscar uno de los famosos jardines colgantes de Zion

Contemplar a los escaladores subiendo los acantilados de arenisca de 2,000 pies (610 m)

Glosario

afluente – río o arroyo secundario que desemboca en otro río o arroyo principal.

aparecer – emerger, salir a la superficie.

características geológicas – relieves y características físicas de la superficie de la Tierra.

frondoso – vegetación sana y densa.

piedra arenisca Navajo – gran formación compuesta de gruesas capas de piedra arenisca modeladas por las dunas de arena de un antiguo desierto.

reptil – animal de sangre fría con esqueleto y escamas o láminas duras sobre la piel.

Índice

acantilados 10, 16

animales 12, 14, 16, 18, 20

bosques 18

cañón 10, 12, 14, 18

cañones de Kolob 18

creado 4

desierto 8, 14, 20

plantas 12, 14, 18

río Virgen 8, 10, 12, 14

Utah 4

valle 6

Wilson, Woodrow 4

Abdo Kids ONLINE
FREE! ONLINE MULTIMEDIA RESOURCES

¡Visita nuestra página **abdokids.com** y usa este código para tener acceso a juegos, manualidades, videos y mucho más!

Código Abdo Kids:
NZK2105